Dr. Setondji Gilles Natachar GLELE

Jésus-Christ, le sauveur complet et parfait

Dr. Setondji Gilles Natachar GLELE

Jésus-Christ, le sauveur complet et parfait

Éditions Croix du Salut

Imprint

Cover image: www.ingimage.com

Publisher:
Éditions Croix du Salut
is a trademark of
Dodo Books Indian Ocean Ltd. and OmniScriptum S.R.L publishing group

120 High Road, East Finchley, London, N2 9ED, United Kingdom
Str. Armeneasca 28/1, office 1, Chisinau MD-2012, Republic of Moldova, Europe
Printed at: see last page
ISBN: 978-620-6-16864-5

PREFACE

Je dédie ce livre à toute personne, quelle que soit sa race ; son sexe ; sa nationalité, ou ses convictions cultuelles et culturelles, nourrissant l'appétit d'élargir sa connaissance sur des sujets relatifs à la vérité biblique et est animée du désir curieux d'expérimenter la véritable liberté par le moyen de la connaissance de la vérité.

Je prie que le Saint-Esprit vous rencontre pendant que vous lisez ce livre.

Qu'il comble votre attente et que vous ne soyez plus jamais la même personne après cette aventure littéraire.

Nous bénissons Dieu qui a souverainement élevé son Fils unique, notre Seigneur et Sauveur personnel, par qui nous recevons la grâce d'avoir part à l'héritage des saints dans la lumière ; l'Esprit de sagesse et de révélation dans sa connaissance par lequel, nous sommes scellés pour le jour de la rédemption.

Nous nous unissons à vous pour une marche objective et fructueuse à la découverte de la compréhension selon le cœur de Dieu sur le ministère dont il a fait grâce à l'humanité toute entière au moyen de son Fils unique le seigneur et sauveur Jésus-Christ dans une mission à plusieurs facettes et statuts.

Pendant que j'écrivais ce livre, c'était comme si vous et moi, lors d'une balade, parlions face à face.

Je peux vous assurer que le contenu de ce livre est très efficace et éclaireur, de sorte qu'en le lisant simplement d'un bout à l'autre, le cœur ouvert et sincère, vous serez vraiment délivré de votre ignorance relative au cafouillage qui entoure les multiples interprétations que font objet les saintes écritures de nos jours.

Que vous soyez : Catholiques ; protestants ; pentecôtistes ou ayant tout simplement la Bible en partage ;

Sachez que cet ouvrage vient à point nommé en réponse aux exigences des derniers temps que nous traversons dans la marche annonciatrice de l'œuvre du Seigneur Jésus Christ et de son avènement pour le festin royal des justes.

Nous profitons de l'occasion pour vous informer que les gens sont incontestablement semblables dans le monde. Ils vivent d'une manière ou d'une autre les mêmes réalités. Ils ont autant que vous, besoin de connaître ; de comprendre et recherchent à tort ou à raison la même vérité.

C'est pourquoi, les œuvres de cette édition, paraissent telles, une denrée rare qu'il faudra à tout prix s'en procurer.

Sommaire :

Introduction 5

Chapitre 1 : Description et Définition de l'Evangile 7

Chapitre 2 : Caractère indispensable de Jésus au sein de l'humanité 11

Chapitre 3 : Les quatre figures ou statuts que révèlent le ministère de Jésus 15

Chapitre 4 : Jésus dans la figure de l'homme de nature pécheresse (l'humanité) 19

Chapitre 5 : Jésus dans la figure du prophète 27

Chapitre 6 : Jésus dans la figure de l'agneau 33

Chapitre 7 : Jésus dans la figure du souverain sacrificateur. 41

Conclusion 53

Introduction :

Nous bénissons Dieu par des actions de grâces pour le privilège qu'il nous a fait de devenir non seulement participants de sa nature en Jésus-Christ mais de pouvoir porter aussi en son nom le témoignage de son Fils unique, l'agneau sans défauts, donné en rançon et livré en sacrifice de culpabilité sur l'autel de la croix pour servir par son sang à l'expiation du péché et la réconciliation de l'humanité avec Dieu son créateur.

Nous ne cesserons jamais de le rappeler et de crier haut et fort à toute occasion utile de ce que nos yeux spirituels ont vu et nos mains ont touché et dont nous sommes absolument convaincus en ce qui concerne la personne inégalable de Jésus-Christ pour le salut de l'homme dans le passé, le présent et le futur de l'existence humaine.

Il faut rappeler que l'un de nos principaux objectifs pour lesquels nous sommes bénis est de combattre la religion qui s'est emparée du christianisme pour en faire des croyants esclaves au lieu de les libérer à cause de la mauvaise interprétation de la pensée de Dieu et de l'œuvre de Jésus-Christ pour sauver l'humanité du péché.

Et c'est d'ailleurs à celà que nous nous employons de toutes nos forces afin de déplacer au maximum les bornes que les pêcheurs d'hommes ont réussi à installer et mettre en place.

Voilà pourquoi nous prenons généralement la peine d'aborder nos écritures par la prédication de l'Evangile dont la bonne compréhension et acceptation restent essentiels pour la réussite de cette noble mission à commencer par le salut de sa propre âme.

Par conséquent, il vous sera offert à travers cette parution l'ultime opportunité de découvrir de nouvelles révélations sur les quatre figures ou statuts du sauveur Jésus dans sa mission relative au salut de l'humanité lesquels confirment d'ailleurs son caractère unique dans cette histoire.

Nous serons déjà très ravis de parvenir à vous ralier à notre grande famille de la littérature chrétienne et pourquoi pas membre actif autour d'une mission aussi noble méritant toute attention.

C'est l'humanité qui gagne et la confiance en Dieu et en soi se renforcera davantage dans notre société.

A l'Eternel toute la gloire maintenant et pour toujours...

Amen.

Chapitre 1 :

Description et Définition de l'Evangile

Description de l'Evangile.

Il faut commencer par rappeler qu'il n'y aura point d'évangile si l'homme créé par Dieu et placé dans le jardin d'Eden n'avait pas fait la connaissance du péché. Ainsi le péché étant connu va occasionner l'échec de la relation que Dieu mettait en place avec l'homme qu'il a créé presque de toute son énergie.

Beaucoup d'événements se seraient passés après cet état de chose, laquelle allait s'ouvrir sur la colère divine et traduire le regard de Dieu sur la question du péché.

Mais il ne s'arrêtera pas en si bon chemin, puisqu'il fera appel à sa prévisibilité souveraine laquelle est directement liée à ses projets sur la vie de l'homme qu'il disait au commencement l'avoir créé selon son image et sa ressemblance.

Ainsi de sa prévisibilité sortira un plan de salut de l'homme qu'il a toujours regardé avec beaucoup d'affections et d'objectivité et qui sera en langage dinvin qualifié de l'évangile dont l'exécution impliquera à la fois la délivrance et la réconciliation de ce dernier avec son créateur.

Ce processus va présenter une longue histoire à caractère éducationnel et instructif dans le but d'amener l'homme à prendre conscience de son acte de désobéissance, d'insoumission et ses conséquences en vue d'un probable remord ou regret le conduisant à une éventuelle repentance pour son appel au secours de son créateur.

Dieu, étant le maître des temps et circonstances va mettre à part et instaurer le système religieux au sein d'une partie de la communauté humaine vivante sur toute la terre baptisé peuple d'Israël à l'image d'un échantillon dans le but de l'eriger en personne dépositaire des valeurs célestes conformes à sa volonté, lesquelles seront répandues au temps fixé pour le salut de l'homme et pour l'élection d'une nouvelle génération née de nouveau et de Dieu.

L'homme aura le temps de découvrir le monde corrompu presque dans toutes ses profondeurs et la limite de ses capacités personnelles et individuelles de s'auto réconcilier avec Dieu, ce qui occasionnera davantage sa misère et sa désolation regrettable.

Il aura le temps d'apprécier la différence entre la liberté et l'esclavage et par celà apprendre à donner de la valeur aux instructions divines quoique libre de constitution.

Il sera révélé plus tard que toutes ses tentatives d'auto rachat vont échouer et que le secours ne lui viendra que de l'Eternel son créateur et son Dieu conformément au plan que celui-ci avait précédemment mis en place dans un futur très lointain au lendemain de la chute de l'homme.

Et ce sera en résumé de la description de l'Evangile.

Définition de l'Evangile.

L'Evangile se présente comme l'art divin relatif au salut du croyant par la délivrance de la connaissance du péché et de l'autorité de la loi pour la connaissance de la justice de Dieu au moyen de la crucifixion, de la mort, de l'ensevelissement et de la résurrection de l'unique sauveur de l'humanité, le seigneur Jésus-Christ.

Ainsi tout contenu de l'Evangile qui ne prend pas en compte ces quatre aspects à savoir la crucifixion, la mort, l'ensevelissement et surtout la résurrection de Jésus-Christ n'est pas le vrai et incapable de produire le résultat escompté c'est à dire la délivrance et la libération pour la restauration.

C'est pourquoi, il est nécessaire de rappeler qu'il s'agit d'un art qui se communique par la prédication et que Dieu a révélé à certains croyants avec mission et but de le transmettre à d'autres pour être sûr de ne pas bâtir sur d'anciennes ruines, ce qui finira tôt ou tard par s'éffondrer.

Réf bibliques : 1Corinthiens : 15 V 1 - 4, 17 ; 2 Cor : 5 V 21.

Je vous rappelle frères, l'Evangile que je vous ai annoncé, que vous avez reçu, dans lequel vous avez persévéré, et par lequel vous êtes sauvés, si vous le retenez tel que je vous l'ai annoncé ; autrement, vous auriez cru en vain.

Je vous ai enseigné avant tout, comme je l'avais aussi reçu, que Christ est mort pour nos péchés selon les écritures ;

Qu'il a été enseveli, et qu'il est ressuscité le troisième jour,. selon les écritures.

Et si Christ n'est pas ressuscité, votre foi est vaine, vous êtes encore dans vos péchés.

Celui qui n'a point connu le péché, il l'a fait devenir péché pour nous afin que nous devenions en lui, justice de Dieu.

Il s'avère opportun de rappeler que la prédication de l'Evangile se traduit telle une puissance de Dieu capable de délivrer le croyant de l'autorité du péché pour l'établir dans la justice de Dieu en Christ et enfin pour l'expérience de la véritable nouvelle naissance non selon la religion mais la vérité.

Réf bibliques : Romains : 5 V 6, 8 ; 1 Corinthiens : 1 V 17 - 19.

Car lorsque nous étions encore sans force, Christ, au temps marqué, est mort pour les impies.

Mais Dieu prouve son amour envers nous, en ce que, lorsque nous étions encore des pécheurs, Christ, est mort pour nous.

Ce n'est pas pour baptiser que Christ m'a envoyé, c'est pour annoncer l'Evangile, et cela sans la sagesse du langage , afin que la croix ne soit pas rendue vaine.

Car la prédication de la croix est une folie pour ceux qui périssent, mais pour nous qui sommes sauvés, elle est une puissance de Dieu.

Aussi est-il écrit :

Je détruirai la sagesse des sages,

Et j'anéantirai l'intelligence des intelligents.

Ainsi, l'Evangile est l'art de sortir le croyant du monde et de la conscience de péché ou la conscience de sa propre justice pour le rétablir dans celui de Dieu qualifié de la justice de Dieu et dans une conscience pure et juste ; régénérée et débarrassée de toute forme d'auto-accusations ; de la culpabilité et toute influence provenant de la loi de l'interdit, outil divin accaparé et manipulé par le malin.

Chapitre : 2

Caractère indispensable de Jésus au sein l'humanité

Nous parlons du caractère indispensable de Jésus au sein de l'humanité en ce sens qu'il devrait être regardé et considéré comme l'ultime solution en face de ce monde terrestre dont la société devient en elle-même un véritable problème, une casse-tête, jour après jour.

Il sera écrit, mon peuple est détruit par manque de connaissance c'est à dire par défaut de vraies et véritables informations susceptibles de le délivrer de son ignorance.

C'est l'occasion de rappeler à nos lecteurs et au travers d'eux à quiconque croisant son chemin qu'en réalité il n'y a de problème qu'en liaison avec le degré d'ignorance de chaque personne.

L'histoire biblique nous souligne fort bien que l'humanité est partir d'un seul homme en la personne d'Adam et qui tire son existence non d'une liaison biologique classique qui correspond à la naissance charnelle mais formé à partir de la poussière de terre et devenu un être vivant pour avoir reçu par ses narines, un souffle de vie de la part de l'Eternel, son créateur et son Dieu.

De lui sera plutard tiré la femme qu'il regardera comme sa compagne de mariage avec qui d'ailleurs, la loi de la naissance biologique charnelle humaine sera initiée et actualisée.

Ce premier homme aura échoué dans sa relation avec Dieu au bénéfice d'une connaissance étrangère dont il deviendra captif.

On parlera de la connaissance du péché et cet état de chose imprimera une marque sur la vie de cet homme et n'épargnera non plus ni sa compagne ni ses progénitures.

Réf bibliques : Genèse : 5 V 1 - 3 ; Romains : 5 V 12.

Voici le livre de la postérité d'Adam.

Lorsque Dieu créa l'homme, il le fit à la ressemblance de Dieu.

Il créa l'homme et la femme, il les bénit, et il les appela du nom d'homme, lorsqu'ils furent créés.

Adam, âgé de cent trente ans, engendra un fils à sa ressemblance, selon son image, il lui donna le nom de Seth.

Il faut rappeler que ces récits bibliques tiennent bien la route lorsqu'on décide d'en faire un sujet de préoccupation et un programme de recherche et d'étude, surtout lorsqu'on considère que les hommes sont tous liés par des familles de sorte qu'elles finissent par se fusionner les unes dans les autres pour la disparition des unes au profit des autres et ainsi de suite jusqu'à se rendre compte que Dieu est vérité et les saintes écritures lui servent de témoignages.

Réf bibliques : Jean : 1 V 1 - 4 ; Actes : 17 V 26.

Au commencement était la parole, et la parole était avec Dieu, et la parole était Dieu.

Elle était au commencement avec Dieu.

Toutes choses ont été faites par elle, et rien de ce qui a été fait n'a été sans elle.

En elle était la vie, et la vie était la lumière des hommes.

Il a fait que tous les hommes, sortis d'un seul sang, habitassent sur toute la surface de la terre , ayant déterminé la durée des temps et les bornes de leur demeure.

Toute l'humanité étant tirée du seul homme Adam et partageant par héritage la marque du péché dont il avait fait connaissance par soumission au diable et désobéissance à son Dieu.

Cependant, il adviendra que l'homme modifié par la connaissance du péché ait été restauré dans le plan originel de Dieu conformément au projet relationnel qu'il attendait entretenir avec lui pour l'avoir créé dont le principal consiste à lui offrir des offrandes d'adoration, laquelle rester la meilleure dans de telle relation.

Tout ce qui sortait du premier homme étant corrompu par nature et par héritage, il faudra alors que Dieu le créateur songe à une nouvelle œuvre à la dimension de la première afin de pouvoir satisfaire son vœu d'un compagnon humain, un ami, un adorateur de premier rang.

Mais ne pouvant pas relancer une nouvelle race humaine pendant que l'ancienne continuait d'exister, il va alors innover une naissance humaine à la hauteur de sa souveraineté c'est à dire sans la marque du péché et ce sera le germe de justice qu'il faudra pour espérer reconstituer par la moisson d'une nouvelle génération d'hommes à la convenance et au profil de son créateur comme ce fut le cas au commencement.

Il s'agira de l'avènement d'un second Adam au moyen d'une sagesse supérieure à la première et d'une démonstration de puissance insondable et parallèle à la raison et à la logique et capable de redresser ce qui était courbé, redonner vie à ce qui était mort, guérir ce qui était malade et conduire à la réussite et au succès ce qui avait échoué.

Réf bibliques : Mathieu 1 V 21 ; Romains : 5 V 14 ; 1 Corin : 15 V 22, 45.

Elle enfantera un fils, et tu lui donneras le nom de Jésus ; c'est lui qui sauvera son peuple de ses péchés.

Cependant, la mort a régné depuis Adam jusqu'à Moïse, même sur ceux qui n'avaient pas péché par une transgression semblable à celle d'Adam, lequel est la figure de celui qui devait venir.

Et comme tous meurent en Adam, de même aussi, tous revivront en Christ.

C'est pourquoi il est écrit : Le premier homme, Adam, devint une âme vivante.

Le dernier Adam est devenu un esprit vivifiant.

Il ne sera pas tiré de la poussière de la terre comme le cas du premier, mais bénéficiera d'une naissance biologique exceptionnelle à la dimension spirituelle et non charnelle, et plusieurs des versets seront mis à contribution pour apporter plus de lumières à la compréhension attendue pour nos différents lecteurs.

Réf bibliques : Jérém : 23 V 5 ; Zach : 3 V 8 ; 6 V 12 ; Mathieu : 1 V 18 - 20.

Voici, les jours viennent, dit l'Eternel.

Où je susciterai à David un germe ;

Il régnera en roi et prospérera.

Il pratiquera la justice et l'équité dans le pays.

Ecoute donc, Josué, souverain sacrificateur, toi et tes compagnons qui sont assis devant toi ! Car ce sont des hommes qui serviront de signe.

Voici, je ferai venir mon serviteur, le germe...

Tu lui diras : Ainsi parle l'Eternel des armées : Voici, un homme, dont le nom est germe, germera dans son lieu, et bâtira le temple de l'Eternel.

Voici, de quelle manière arriva la naissance de Jésus-Christ.

Marie, sa mère, ayant été fiancée à Joseph, se trouva enceinte par la vertu du Saint-Esprit, avant qu'ils eussent habité ensemble.

Joseph, son époux, qui était un homme de bien et ne voulait pas la diffamer, se proposa de rompre secrètement avec elle.

Comme il y pensait, voici, un ange du Seigneur lui apparut en songe, et dit : Joseph, fils de David, ne crains pas de prendre avec toi Marie, ta femme, car l'enfant qu'elle a conçu vient du Saint-Esprit...

Ainsi, du contenu des versets ci-dessus, on notera quelques détails sur la naissance prophétique et réelle du seigneur et sauveur Jésus, ce qui se révélera important voir indispensable pour servir d'alternative unique et qualifiée pour rendre possible la réconciliation de l'humanité avec Dieu, son créateur.

Chapitre 3 :

Les quatre figures ou statuts que révèle le ministère de Jésus

S'agissant des quatre figures ou statuts que révèle le ministère de Jésus, il s'avère important de remonter à l'historique des évènements bibliques afin de retracer le parcours des différents acteurs impliqués dans l'érection de la tour évangélique.

Il ne sera donc pas difficile de rappeler que dans cet exercice, on notera de différents personnages dont le peuple ordinaire qui était appelé à entretenir de relation avec Dieu, les prophètes qui leur reçevaient des messages provenant de Dieu, les sacrificateurs qui s'occupaient de leur vie de péché et les différentes victimes ou animaux à sacrifier pour servir à la réparation de ce qui est réparable et tout dans une approche religieuse et perfectible basée sur la loi.

Réf bibliques : Jean : 7 V 19.

Moïse, ne vous a-t-il pas donné la loi ?

Et nul de vous n'observe la loi.

Pourquoi cherchez-vous à me faire mourir ?

Il convient aussi de souligner que tous ceux-là malgré le caractère sectoriel dont ils faisaient objet à travers leurs différents rôles au sein de l'exercice ministériel et des différentes poches de la société juive d'alors, ils étaient tous issus de la même descendance pécheresse adamique laquelle faisait de chacun d'eux esclave du péché vivant sous la malédiction de la loi.

Réf bibliques : Romains : 3 V 9 - 10 ; 19 - 20.

Quoi donc ! Sommes-nous plus excellents ? Nullement !

Car nous avons déjà prouvé que tous, juifs et Grecs, sont sous l'empire du péché.

Selon qu'il est écrit :

Il n'y a point de juste, Pas même un seul...

Or, nous savons que tout ce que dit la loi, elle le dit à ceux qui sont sous la loi , afin que toute bouche soit fermée, et que tout le monde soit reconnu coupable devant Dieu.

Car nul ne sera justifié devant lui par les œuvres de la loi, puisque c'est par la loi que vient la connaissance du péché.

Ainsi il sera donc constaté que la loi exerçant sur eux la pression du devoir de bien faire, soumettait leurs consciences à l'accusation continue, ce qui alimentait le service des cultes au moyen des mesures divinement mises en place en réponse à la vie du péché par les différents offrandes et sacrifices qu'ils faisaient.

La réparation des tords supposés causés à Dieu ou envers des choses allouées à son service qualifiés de péchés alimentaient le fonctionnement du système religieux et sa coordination à partir des rôles de chacun des membres de ce ministère purement charnel.

Réf bibliques : Exode : 19 V 3 - 6, 8 ; Hébreux : 5 V 4.

Moïse monta vers Dieu, et l'Eternel l'appela du haut de la montagne, en disant : Tu parlera ainsi à la maison de Jacob, et tu diras aux enfants d'Israël :

Vous avez vu ce que j'ai fait à l'Egypte, et comment je vous ai porté sur les ailes d'aigle et amenés vers moi.

Maintenant, si vous écoutez ma voix, et si vous gardez mon alliance, vous m'appartiendrez entre tous les peuples, car toute la terre est à moi ;

Vous serez pour moi un royaume de sacrificateurs et une nation sainte.

Voilà les paroles que tu diras aux enfants d'Israël.

Le peuple tout entier répondit : Nous ferons tout ce que l'Eternel a dit. Moïse rapporta les paroles du peuple à l'Eternel.

Nul ne s'attribue cette dignité, s'il n'est appelé de Dieu, comme le fut Aaron...

Cet état de chose permettait à tout le peuple d'espérer entendre ou recevoir des instructions et directions de Dieu par le biais des prophètes qui à leur tour étaient chargés de rapporter et de les transmettre à qui de droit c'est à dire, au peuple en général pour ce qui le concerne et aux sacrificateurs ce qui devra leur revenir du point de vue responsabilités selon que chacun d'eux en ce qui le concerne était responsable de sa propre vie devant Dieu au travers de la loi.

Voilà pourquoi, le prophète était tenu à des occasions précises de rendre fidèlement compte de manière à faire parvenir l'information divine à toutes les oreilles afin de mettre chacun d'eux devant sa responsabilité et son engagement personnel dans sa relation avec Dieu

Ainsi se présentent les quatre figures ou statuts qui seront à priori considérés très importants par leurs différents rôles nécessaires pour le fonctionnement du ministère de l'ancienne alliance révélé plus tard de mort et de condamnation à cause de son incapacité à pouvoir à la restauration de l'homme et sa réconciliation avec Dieu.

On notera ainsi, le peuple ; les prophètes ; les sacrificateurs et enfin les victimes destinés aux différents sacrifices, et chacun de ces différents éléments pré-cités devra être considéré comme une figure ou statut ministériel dans lequel le seigneur et sauveur Jésus sera appelé à se conditionner pour l'effectivité de son ministère relatif au salut de l'homme.

Réf bibliques : 2 Corinthiens : 3 V 7 et 9.

Or, si le ministère de la mort, gravé avec des lettres sur des pierres, a été glorieux, au point que les fils d'Israël ne pouvaient fixés les regards sur le visage de Moïse, à cause de la gloire de son visage, bien que cette gloire fût passagère.

Si le ministère de la condamnation a été glorieux...

Ainsi, ci-dessus quelques détails pour apporter plus de lumières dans ce développement, toutefois, il faut dire que nous avons encore beaucoup d'éléments à inscrire au crédit de ce développement et même des choses parfois très difficiles à comprendre parce qu'elles ne deviennent accessibles que par révélations.

Les choses étant ainsi, nous estimons malgré cela, suffisantes ces quelques lignes pour éviter de sortir de ce chapitre de notre étude.

Chapitre 4 :

Jésus dans la figure de l'homme de nature pécheresse (l'humanité)

Pour ce qui concerne la figure ou le statut du peuple ordinaire qualifié en d'autres termes de maudits dans le ministère du seigneur Jésus, il sera important de souligner que le livre d'Exode revêt un caractère particulier en ce qu'il traite de plusieurs sujets dont le démarrage officiel de ce qu'est l'ancienne alliance de Dieu avec l'homme captif du péché sous le couvert du peuple de Dieu ou d'Israël encore appelé l'ancien testament.

A ce sujet, l'homme dans le rôle du peuple de Dieu devra se retrouver en captivité sur le territoire égyptien lequel dans le cas d'espèce représente le monde où naissent les humains.

Celui-ci ne sera pas d'origine égyptienne mais par son séjour en ce lieu, finira par découvrir un nouveau mode de vie et intégrera une nouvelle culture lesquels forgeront en lui une nouvelle personnalité de type mondain contre celui de ses origines qui est céleste.

Il va découvrir la personnalité, l'autorité et l'influence du dieu visible en la personne de Pharaon avec l'emblème de sa puissance que traduit le serpent, une image derrière laquelle se cache l'influence diabolique en souvenir aux premiers événements de l'histoire de l'humanité l'impliquant.

Réf bibliques : Genèse : 3 V 1 ; Exode : 7 V 8 - 12.

Le serpent était le plus rusé de tous les animaux des champs, que l'Eternel Dieu avait faits.

Il dit à la femme : Dieu a-t-il réellement dit : Vous ne mangerez pas de tous les arbres du jardin ?

L'Eternel dit à Moïse et à Aaron :

Si Pharaon vous parle, et vous dit : Faîtes un miracle ! Tu diras à Aaron :

Prends ta verge, et jette-la devant Pharaon. Elle deviendra un serpent.

Moïse et Aaron allèrent auprès de Pharaon, et ils firent ce que l'Eternel avait ordonné.

Aaron jeta sa verge devant Pharaon et devant ses serviteurs ; et elle devint un serpent.

Mais Pharaon appela des sages et des enchanteurs ; et les magiciens d'Egypte, eux aussi, en firent autant par leurs enchantements.

Ils jetèrent tous leurs verges, et elles devinrent des serpents. Et le verge d'Aaron engloutit leurs verges.

Et nous avons ainsi quelques détails retraçant les premiers jours du ministère du salut de l'homme dans tout son ensemble, et c'est le lieu de rappeler que toutes ces choses avaient eu lieu avec la permission divine afin de reconstituer la vie pécheresse et corrompue de l'humanité à travers le premier homme dont Adam.

Jésus, dans la figure et statut de l'homme de nature pécheresse en fonction des circonstances et sur instruction divine sera objectivement amené par ses parents en Egypte au lendemain de sa naissance afin de le conformer et l'identifier à la nature mondaine et pécheresse.

Le seigneur Jésus va entamer la reconstitution des faits en commençant par se conformer au monde du péché que représentait le territoire d'Egypte, lui qui était né sans péché afin d'établir la substitution à but salutaire.

Il sera noté d'après l'histoire que l'Eternel Dieu se souviendra du peuple et décidera de le secourir en le délivrant de ce territoire de captivité pour l'amener sur un autre où couleraient le lait et le miel.

Réf bibliques : Genèse : 15 V 13 - 14 ; 46 V 2 - 7 ; Exode : 3 V 8 ; Mathieu : 2 V 13 - 14.

Et l'Eternel dit à Abram : Sache que tes descendants seront étrangers dans un pays qui ne sera point à eux ; ils y seront asservis, et on les opprimera pendant quatre cents ans.

Mais je jugerai la nation à laquelle ils seront asservis, et ils sortiront ensuite avec de grandes richesses.

Dieu parla à Israël dans une vision pendant la nuit, et il dit : Jacob ! Jacob ! Israël répondit : Me voici !

Et Dieu dit : Je suis le Dieu, le Dieu de ton père. Ne crains point de descendre en Egypte, car là, je te ferai devenir une grande nation.

Moi-même je descendrai avec toi en Egypte, et moi-même je t'en ferai remonter ; et Joseph te fermera les yeux.

Jacob quitta Beer-Schéba ; et les fils d'Israël mirent Jacob, leur père, avec leurs enfants et leurs femmes, sur les chars que Pharaon avait envoyés pour les transporter.

Ils prirent aussi leurs troupeaux et les biens qu'ils avaient acquis dans le pays de Canaan.

Et Jacob se rendit en Egypte, avec toute sa famille.

Il enmena avec lui en Egypte ses fils et les fils de ses fils, ses filles et les filles de ses fils, et toute sa famille.

Ainsi, au travers des écrits ci-dessus, on notera le symbolisme territoriale du pays d'Egypte qui la figure monde païen lequel est ouvert à tous les êtres vivants, et un autre territoire qui servira plutard de destination d'accueil où regnerait la véritable paix interprétée à cause des circonstances comme territoire où coulent le lait et le miel, cependant, entre ces deux territoires apparaîtront certains événements dont la traversée de la mer rouge ; le fleuve du Jourdain et celle du désert pour ne citer que ceux-là.

Il faut rappeler que les traversées de la Mer rouge et le Jourdain auront la même signification et seraient la figure du baptême de la repentance réservé aux pécheurs en vue de leur préparatif à accueillir le Messi pour le salut de leurs âmes.

Réf bibliques : Exode : 14 V 16, 21 - 22 ; Josué : 3 V 15 - 17 ; 1 Corin : 10 V 2.

Toi, lève ta verge, étends ta main sur la mer, et fends-la ; et les enfants d'Israël entreront au milieu de la mer à sec.

Moïse étendit sa main sur la mer.

Et l'Eternel refoula la mer par un vent d'orient, qui souffla avec impétuosité toute la nuit ; il mit la mer à sec, et les eaux se fendirent.

Les enfants d'Israël entrèrent au milieu de la mer à sec, et les eaux formaient comme une muraille à leur droite et leur gauche.

Quand les sacrificateurs qui portaient l'arche furent arrivés au Jourdain, et que leurs pieds se furent mouillés au bord de l'eau, le Jourdain regorge par-dessus toutes ses rives tout le temps de la moisson.

Les eaux qui descendent d'en haut s'arrêtèrent, et s'élevèrent en un monceau, à une très grande distance, près de la ville d'Adam, qui est à côté de Tsarthan ; et celles qui descendaient vers la mer de la plaine , la mer salée, furent complètement coupées.

Le peuple passa vis-à-vis de Jéricho.

Les sacrificateurs qui portaient l'arche de l'alliance de l'Eternel s'arrêtèrent de pied ferme sur le sec, au milieu du Jourdain, pendant que tout Israël passait à sec, jusqu'à ce que toute la nation eût achevé de passer le Jourdain.

Ainsi, pour plus de précisions, nous avons les détails ci-dessus lesquels nous jugeons utiles et très importants à titre de preuves au profit de nos recherches.

Et c'est le lieu de rappeler que les différentes traversées de la Mer rouge et du Jourdain étant symbolique à cause de la figure du baptême de la repentance qu'elles représentent, le sauveur Jésus suivant le processus de son ministère sera mis hors du territoire d'Egypte par les soins de ses parents et sur instruction de Dieu et cela afin de procéder aux formalités plus ou moins traditionnelles de ladite traversée et précisément avec le Jourdain conformément à l'observation du baptême qu'il avait connu et au sujet duquel nous nous réservons le droit de garder des détails au risque de sortir de notre ligne de développement.

Réf bibliques : Mathieu : 2 V 19 - 21.

Quand Hérode fut mort, voici, un ange du Seigneur apparut en songe à Joseph, en Egypte,

et dît : Lève-toi, prends le petit enfant et sa mère, et va dans le pays d'Israël, car ceux qui en voulaient à la vie du petit enfant sont morts.

Joseph se leva, prit le petit enfant et sa mère, et alla dans le pays d'Israël.

Après donc ce retour d'Egypte pour la terre d'Israël, il sera immédiatement confronté à l'obligation de la traversée de la Mer rouge ou le Jourdain et s'y conformera par son baptême sous la supervision et les services du prophète Jean Baptiste qui d'ailleurs représentait officiellement le dernier prophète de la classe et l'ordre du prophète Moïse le coordonnateur de l'ancienne alliance à travers l'ancien testament.

Jésus aura pris par les eaux de baptême de la repentance comme ce fut le cas du peuple d'Israël au travers de la Mer rouge ou du Jourdain après leur sortie du territoire d'Egypte.

Il sera constaté qu'après la traversée de la Mer rouge ou le Jourdain, le peuple fera désormais face à un autre défi révélé plus compliqué que le premier à cause de son caractère individuel et endurant devant lequel ils vont tous échouer et n'arriveront à atteindre la terre promise.

On parlera de la traversée du désert ou l'expérience du Ciel fermé.

Cette traversée du désert sera un autre type de défi ou une épreuve dans laquelle le tentateur encore appelé l'accusateur sera impliqué afin de se venger d'eux pour lui avoir échappé par leur sortie du territoire captif égyptien.

L'occasion pour nous de rappeler le caractère symbolique de la traversée du désert qui correspond à la vie des croyants chrétiens qui après avoir quitté le monde en donnant leur vie au seigneur et sauveur Jésus-Christ se retrouvent dans les mailles de la religion et finissent généralement par prendre à dégoût la vie chrétienne laquelle quand même devrait être la meilleure expérience pour quiconque ayant vu le soleil pour l'amélioration de sa relation avec Dieu son créateur.

Réf bibliques : Exode : 14 V 26 - 30.

L'Eternel dit à Moïse : Etends ta main sur la mer ; et les eaux reviendront sur les égyptiens, sur leurs chars et sur leurs cavaliers.

Moïse étendit sa main sur la mer. Et vers le matin, la mer reprit son impétuosité, et les égyptiens s'enfuirent à son approche ; mais l'Eternel précipita les égyptiens au milieu de la mer.

Les eaux revinrent et couvrirent les chars, les cavaliers et toute l'armée de Pharaon, qui étaient entrés dans la mer après les enfants d'Israël ; et il n'en échappa un seul.

Mais les enfants d'Israël marchaient à sec au milieu de la mer, et les eaux formaient comme une muraille à leur droite et à leur gauche.

En ce jour, l'Eternel délivra Israël de la main des égyptiens ; et Israël vit sur le rivage de la mer les égyptiens qui étaient morts.

Cette traversée du désert est l'étape la plus compliquée de la vie des croyants en ce qu'elle ne leur offrait aucune chance de franchir les portes de Canaan lequel symbolise le lieu du repos ou encore le jardin d'Eden.

Il faut rappeler que cette traversée du désert traduit le retour à l'intérieur du jardin d'Eden de la descendance adamique ayant gardé en elle l'héritage du péché et qui non seulement s'exposait à la menace de mort que dégageaient des chérubins mis à l'entrée du jardin et qui agitaient une épée flamboyante, mais devenait encore des victimes de ces anges à qui était remis la charge de garder le jardin contre toute tentative d'entrée illégale.

Ainsi ,toute tentative d'entrée d'un pécheur à l'intérieur du jardin d'Eden était considérée comme illégale et ne solderait que par la mort.

La situation étant ainsi, le sauveur Jésus, après son baptême de repentance dans le Jourdain lui donnant de se conformer à la race de vipères d'après les dires du prophète Jean Baptiste, sera sur ses pieds, conduit dans le désert pour défier à son tour le tentateur et accusateur des frères en la personne du diable et Satan.

Il sera remarqué que celui-ci franchira toutes les différentes étapes de ladite épreuve et en sortira vainqueur parce qu'il aura triomphé du malin.

Il réussira ainsi là où tous les autres et suivant leurs catégories avaient échoué.

Il s'agira de la figure de la marche chrétienne de nos jours laquelle n'arrête d'enregistrer autant d'échecs à cause de l'ignorance dramatique mélangée au désirs charnels qui continuent d'exercer son pouvoir sur les croyants de la génération présente.

Réf bibliques : Marc : 1 V 12 - 13 ; Colossiens : 2 V 12 - 15.

Aussitôt, L'Esprit poussa Jésus dans le désert,

Où il passa quarante jours, tenté par Satan. Il était avec des bêtes sauvages, et les anges le servaient.

Ayant été enseveli avec lui par le baptême, vous êtes aussi ressuscités en lui et avec lui, par la foi en la puissance de Dieu, qui l'a ressuscité des morts.

Vous qui étiez morts par vos offenses et par l'incirconcision de votre chair, il vous a rendus à la vie avec lui, en nous faisant grâce pour toutes offenses ;

Il a effacé l'acte dont les ordonnances nous condamnaient et qui subsistaient contre nous, et l'a détruit en le clouant à la croix :

Il a dépouillé les dominations et les autorités, et les a livrées publiquement en spectacle, en triomphant d'elles par la croix.

On notera que le peuple d'Israël au lieu de quarante jours avait fait quarante ans lesquels traduisaient son échec devant l'épreuve de la traversée du désert.

Voilà pourquoi il était nécessaire que la même épreuve soit reprise par le sauveur Jésus suivant la même durée de temps afin de leur assurer un rachat accompli et parfait.

Le sauveur Jésus va de cette part réussir à entièrement retracer, étape par étape la vie de l'homme de nature pécheresse afin de pouvoir répondre au nom de l'humanité toute entière devant la loi qui servait de profi pour le malin et obstacle à tout croyant d'accéder à Dieu par une quelconque tentative de retour dans le jardin d'Eden d'où il avait été chassé alors qu'il était encore dans les reins de son père Adam.

Et ce sera en conclusion ce qui a lieu de retenir en ce qui concerne la personne du sauveur Jésus dans la figure ou le statut de l'homme porteur de la semence du péché qualifié de charnel, animal ou mondain qui sera retracé depuis l'origine égyptienne en conformité avec le Père de la foi en la personne d'Abraham qui était le modèle original et dont la vie du salut va aussi démarrer par sa délivrance du territoire égyptien alors qu'il était encore Abram c'est à dire païen.

Réf bibliques : Genèse : 12 V 10

Il eut une famine dans le pays ; et Abram descendit en Egypte pour y séjourner, car la famine était grande dans le pays.

Chapitre 5 :

Jésus dans la figure du prophète

Nous commençons ce suivant chapitre de notre développement en rappelant que les prophètes avaient joué un rôle d'une grande importance sous l'ancienne alliance et restaient essentiels de par leur statut dans la relation des hommes avec Dieu puisque c'est à eux que revenait le privilège de recevoir les instructions divines pour le reste de la communauté.

Cependant, il était illégale que plusieurs prophètes de même classe servent en même temps mais plutôt par l'ordre de succession.

Réf bibliques : Josué : 1 V 1 - 2 ; 1 Rois : 19 V 15 - 16.

Après la mort de Moïse, serviteur de l'Eternel, l'Eternel dit à Josué, fils de Nun, serviteur de Moïse.

Moïse, mon serviteur, est mort ; maintenant, lève-toi, passe le Jourdain, toi et tout ce peuple, pour entrer dans le pays que je donne aux enfants d'Israël.

L'Eternel lui dit : Va, reprends ton chemin par le désert jusqu'à Damas ; et quand tu seras arrivé, tu oindras Hazaël pour roi de Syrie.

Tu oindras aussi Jéhu, fils de Nimschi, pour roi d'Israël ; et tu oindras Elisée, fils de Schaphath, dabel-mehola pour prophète à ta place.

Le sauveur Jésus, après son baptême de consécration et de témoignage pour approuver la succession du dernier prophète de l'ancienne alliance selon l'ordre et la classe de Moïse, ne dévoilera de sitôt son ministère de Messi, mais s'incrira dans l'ordre normal et légal du ministère en cours par la prédication de la repentance.

Il convient de rappeler que les évènements de la Bible feront dans la plupart du temps objet de quelques modifications sur la forme et non dans le fond afin de conserver le plan originel de Dieu et seront considérés comme des figures de style.

Ainsi il sera constaté un léger changement au niveau de la consécration de Jésus laquelle sera plus basée sur la déclaration que sur les actes.

Et le prophète Jean Baptiste sera chargé de rendre témoignage à la personne ministérielle de Jésus avant et après celui de Dieu lui-même.

Réf bibliques : 1 Samuel : 10 V 1 ; 16 V 13 ; Mathieu : 3 V 11 - 12, 16 - 17 ; 4 V 17 ; Jean : 8 V 17.

Samuel prit une fiole d'huile, qu'il répandit sur la tête de Saül, il le baisa, et dit : l'Eternel ne t'a t'il pas oint pour que tu sois le chef de son héritage ?

Samuel prit la corne d'huile, et l'oignit au milieu de ses frères.

L'esprit de l'Eternel saisit David, à partir de ce jour et dans la suite.

Samuel se leva, et s'en alla à Rama.

Moi, je vous baprise d'eau, pour vous amener à la repentance ; mais celui qui vient après moi est plus puissant que moi, et je ne suis pas digne de porter ses souliers.

Lui, il vous baptisera du Saint-Esprit et de feu.

Il a son van à la main ; il nettoira son aire, et il amassera son blé dans son grenier, mais il brûlera la paille dans un feu qui ne s'éteint point.

Dès que Jésus eut été baptisé, il sortit de l'eau. Et voici, les cieux s'ouvrirent, et il vit L'Esprit de Dieu descendre comme une colombe et venir sur lui.

Et voici, une voix fit entendre des cieux ces paroles : Celui-ci est mon Fils bien aimé, en qui j'ai mis toute mon affection.

Dès ce moment Jésus commença à prêcher, et à dire : Repentez-vous, car le royaume des cieux est proche.

Il est écrit dans votre loi que le témoignage de deux hommes est vrai.

Ainsi se présente le contenu des versets ci-dessus, lesquels nous donnent de constater que le seigneur Jésus, ayant démarré son ministère conformément à la loi ne pouvait se révéler comme celà se devait tant que le vieux prophète serait encore d'actualité c'est à dire le prophète Jean Baptiste.

Dieu étant, Dieu d'ordre va retirer sa grâce ministérielle à ce dernier afin de permettre à la main de l'ennemi de le saisir et même de décider de son sors et le plan était simplement de le retirer de la scène contre son gré pour la révélation au grand public de son successeur en la personne du sauveur Jésus.

Réf bibliques : Mathieu : 4 V 12 ; 14 V 12.

Jésus ayant appris que Jean avait été livré, se retira dans la Galilée.

Les disciples de Jean vinrent prendre son corps, et l'ensevelirent.

Et ils allèrent l'annoncer à Jésus.

Le vieux prophète en la personne de Jean Baptiste par sa mort va céder place au ministère du jeune prophète Jésus pour le démarrage actif de son ministère.

Il ne s'attardera pas sur le message de la repentance comme ses prédécesseurs, mais introduira sa doctrine par un réel bouleversement de leur habitude religieuse.

Ce qui sera regardé par certains comme du scandale et de grandes utilités par d'autres.

Il va entreprendre une démarche complètement révolutionnaire laquelle va susciter de vive adversité contre sa personne parce que touchant les intérêts de ceux qui étaient assis dans la chaire de Moïse et qui étaient les conservateurs de la vielle doctrine.

Réf bibliques : Mathieu : 9 V 16 - 17 ; 15 V 10 - 16 ; Jean : 9 V 29 - 31.

Personne ne met une pièce de drap neuf à un vieil habit ; car elle emporterait une partie de l'habit, et la déchirure serait pire.

On ne met pas non plus du vin nouveau dans de vielles outres ; autrement, les outres se rompent, le vin se repand, et les outres sont perdues ; mais on met le vin nouveau dans des outres neuves, et le vin et les outres se conservent.

Ayant appelé à lui la foule, il lui dit : écoutez et comprenez.

Ce n'est pas ce qui entre dans la bouche qui souille l'homme ; mais ce qui sort de la bouche, c'est ce qui souille l'homme.

Alors ses disciples s'approchèrent, et lui dirent : Sais-tu que les pharisiens ont été scandalisés des paroles qu'ils ont entendues ?

Il répondit : Toute plante que n'a pas plantée mon père céleste, sera déracinée.

Laissez-les ; ce sont des aveugles qui conduisent des aveugles ; si un aveugle conduit un aveugle, ils tomberont tous deux dans une fosse.

Pierre, prenant la parole, lui dit : Explique-nous cette parabole.

Et Jésus lui dit : Vous aussi, êtes-vous encore sans intelligence ?

Nous savons que Dieu a parlé à Moïse ; mais celui-ci, nous ne savons d'où il est.

Cet homme leur répondit : il est étonnant que vous ne sachiez d'où il est ; et cependant, il m'a ouvert les yeux.

Nous savons que Dieu n'exauce point les pécheurs ; mais si quelqu'un l'honore et fait sa volonté, c'est lui qu'il exauce.

Ainsi, il sera remarqué à partir du contenu des versets ci-dessus que le seigneur Jésus restera dans la démarche prophétique et sera incompri partout où il passait à travers ce qu'il disait et faisait et même ses disciples ne parviendront pas non plus à percer de si tôt ses différentes et multiples allocations.

Il va leur parler de plusieurs choses dont certaines le concernant en personne dans l'immédiat et dans le temps et d'autres concernant le règne de Dieu et le royaume des cieux.

Réf bibliques : Jean : 3 V 12 - 13 ; 4 V 12 - 14, 20 - 24.

Si vous ne croyez pas quand je vous ai parlé des choses terrestres, comment croiriez-vous quand je vous parlerez des choses célestes ?

Personne n'est monté au ciel, si ce n'est celui de qui est descendu du ciel, le Fils de l'homme qui est dans le ciel.

Es-tu plus grand que notre père Jacob, qui nous a donné ce puits, et qui en a bu lui-même, ainsi que ses fils et ses troupeaux ?

Jésus lui répondit : Quiconque boit de cette eau aura encore soif ; mais celui qui boira de l'eau que je lui donnerai n'aura jamais soif, et l'eau que je lui donnerai deviendra en lui une source d'eau qui jaillira jusque dans la vie éternelle.

Nos pères ont adoré sur cette montagne ; et vous dîtes, vous, que le lieu où il faut adorer est à Jérusalem.

Femme, lui dit Jésus, crois-moi, l'heure vient où ce ne sera ni sur cette montagne ni à Jérusalem que vous adorerez le Père.

Vous adorez ce que vous ne connaissez pas ; nous, nous adorons ce que nous connaissons, car le salut vient des juifs.

Mais l'heure vient, et elle est déjà venue, où les vrais adorateurs adoreront le Père en esprit et en vérité ; car ce sont là les adorateurs que le Père demande.

Dieu est Esprit, et il faut que ceux qui l'adorent, l'adorent en esprit et en vérité.

Le prophète sauveur Jésus va conduire son ministère jusqu'au moment de son arrestation par les responsables religieux juifs, une arrestation qui mettra un terme à la dimension de son ministère sous la figure ou le statut de prophète de l'Eternel.

Réf bibliques : Luc : 24 V 44 - 47 ; Jean : 18 V 8 - 9.

Puis, il leur dit : C'est là ce que je vous disais lorsque j'étais encore avec vous, qu'il fallait que s'accomplit tout ce qui est écrit de moi dans la loi de Moïse, dans les prophètes, et dans les psaumes.

Alors il leur ouvrit l'esprit, afin qu'ils comprissent les écritures.

Et il leur dit : Ainsi, il est écrit que le Christ souffrirait, et qu'il ressusciterait des morts le troisième jour.

Et que la repentance et le pardon des péchés seraient prêchés en son nom à toutes les nations, à commencer par Jérusalem.

Et ainsi sera fermé le développement de l'étude relative à la personne du ministre et sauveur Jésus sous la figure ou le statut de prophète de Dieu pour la cause du salut de l'humanité toute entière autrefois liée par la captivité du péché et gardée sous la malédiction de la loi et nous croyons avoir été suffisamment utiles par les lignes composant le contenu dudit développement.

Chapitre 6 :

Jésus dans la figure de l'agneau

Jésus le sauveur complet et parfait, après les différentes figures précédemment présentées en ce qui concerne l'exercice de son ministère, va jouer un nouveau rôle qui ne sera pas des moindres et conformément à la loi et aux pratiques religieuses en cours à cette époque, et ce sera celui de l'agneau.

Et puisque que tout ce qui se faisait en ce moment était en réponse à l'exigence de la loi pour préserver l'humanité de l'extermination irréversible si chaque personne reconnue coupable de péché devrait être livrée à la mort.

Dieu ayant en vue le fruit d'une naissance biologique dont il avait fixé la date dans un futur très lointain, va décider d'un modèle de substitution par lequel le sujet reconnu fautif ou coupable d'un interdit selon la loi, va pouvoir en lieu et place de sa personne un présent de nature animalière et de classe d'herbivore suivant les indications et prescriptions de la loi qui sera offert en sacrifice, histoire de lui préserver la vie terrestre.

On parlera du rachat de vie ou l'ombre de l'œuvre de la rédemption.

Et il faut ajouter que l'animal qui sera pourvu en sacrifice par le fautif devrait être approuvé sans défaut et celà revêtait une grande importance dans la pratique religieuse en ce qu'elle indiquait ce qui est acceptable de Dieu et était la condition sine quanun que les croyants par leur état de péché ne remplissaient pas parce que, n'offrait de tel sacrifice que celui qui est reconnu ayant de défaut.

Réf bibliques : Lévitique : 4 V 1 - 4, 13 - 15 ; 5 V 14 - 15.

L'Eternel parla à Moïse, et dit :

Parle aux enfants d'Israël , et dit : Lorsque quelqu'un péchera involontairement contre l'un des commandements de l'Eternel, en faisant des choses qui ne doivent point se faire ;

Si c'est le sacrificateur ayant reçu l'onction qui a péché et a rendu par là le peuple coupable, il offrira à l'Eternel, pour le péché qu'il a commis, un jeune taureau sans défaut, en sacrifice d'expiation.

Il amènera le taureau à l'entrée de la tente d'assignation, devant l'Eternel ; et il posera sa main sur la tête du taureau, qu'il égorgera devant l'Eternel.

L'Eternel parla à Moïse, et dit :

Lorsque quelqu'un commettra une infidélité et péchera involontairement à l'égard des choses consacrées à l'Eternel, il offrira en sacrifice de culpabilité à l'Eternel pour son péché un bélier sans défaut, pris du troupeau d'après ton estimation en sicles d'argent, selon le sicle du sanctuaire.

Ceci étant, le sauveur Jésus jouera aussi ce rôle lequel sera rendu public par le témoignage du prophète Jean Baptiste à cause de son statut dans l'ordre des serviteurs de Dieu au sein de ce ministère qualifié de sacerdoce lévitique à l'image du prophète Moïse qui recevait autrefois de Dieu des divers messages pour le compte du peuple.

Réf bibliques : Hébreux : 9 V 22.

Et presque tout, d'après la loi, est purifié avec du sang, et sans effusion du sang, il n'y a pas de pardon.

Il convient de notifier que les différents sacrifices qui se faisaient sous l'ancienne alliance et précisément à une époque donnée étaient subdisés en deux grandes parties dont le premier qualifié de journalier et le second d'annuel.

Nous ne saurons donner tous les détails sur celà à travers ce développement parce qu'il s'agit d'un chapitre d'étude entièrement à part et que vous pouvez toutefois s'en procurer dans d'autres produits de notre bibliothèque.

Mais dans le cas d'espèce, il importe de souligner que les sacrifices annuels inclus ceux journaliers et restent essentiels pour crédibiliser leurs actes de rachat à l'égard de Dieu et sous le couvert de la loi.

En conséquence le sauveur Jésus afin de rendre son sacrifice unique et parfait s'inscrira dans le rôle du sacrifice annuel lequel couvrait le passé, le présent et le futur de tout participant.

<u>Réf bibliques : Lévitique : 16 V 29 - 34.</u>

C'est ici pour vous une loi perpétuelle ; au septième mois, le dixième jour du mois, vous humilierez vos âmes, vous ne ferez aucun ouvrage, ni l'indigène, ni l'étranger qui séjourne au milieu de vous.

Car en ce jour on fera l'expiation pour vous, afin de vous purifier : vous serez purifiés de tous vos péchés devant l'Eternel.

Ce sera pour vous, un sabbat de repos, et vous humilierez vos âmes. C'est une loi perpétuelle.

L'expiation sera faite par le sacrificateur qui a reçu l'onction et qui a été consacré pour succéder à son père dans le sacerdoce ; il se revêtira des vêtements de lin, des vêtements sacrés.

Il fera l'expiation pour le sanctuaire de sainteté, il fera l'expiation pour la tente d'assignation et pour l'autel, et il fera l'expiation pour les sacrificateurs et pour tout le peuple de l'assemblée.

Ce sera pour vous une loi perpétuelle : il se fera une fois chaque année l'expiation pour les enfants d'Israël, à cause de leurs péchés.

On fit ce que l'Eternel avait ordonné à Moïse.

Jésus connaîtra donc une naissance qui ne proviendra pas de la semence humaine corrompue par le péché qui se traduit par toute naissance biologique issue de la liaison d'un homme et d'une femme.

Mais il naîtra de l'œuvre du Saint-Esprit d'après les saintes écritures et cela en vue du rôle de l'agneau sans tâches et sans défauts qu'il aura à jouer dans le processus du salut de l'humanité conformément à l'exigence de la loi.

Il s'avère normal et légal qu'il soit conçu non de la semence descendante adamique qui est déjà corrompue par le péché afin de conserver la nature juste de Dieu et de pouvoir servir de semence de justice, consacrée et qualifiée pour garantir la moisson d'une nouvelle génération d'adorateurs propre à la nature de Dieu et capable de faire sa volonté.

Il sera donc officiellement rendu public par les soins du prophète Jean Baptiste à sa sortie des eaux de baptême et reconnu bon et propre pour servir au sacrifice par le gouverneur Ponce Pilate dans la rôle du souverain sacrificateur dans ce cas précis.

Réf bibliques : Jean : 1 V 35 - 36 ; 19 V 4 - 6 ; Hébreux : 9 V 27 - 28.

Le lendemain, Jean était encore là, avec deux de ses disciples ; et, ayant regardé Jésus qui passait, il dit : Voilà, l'agneau de Dieu.

Pilate sortit de nouveau, et dit aux juifs ; Voici, je vous l'amène dehors, afin que vous sachiez que je ne trouve en lui aucun crime.

Jésus sortit donc, portant la couronne d'épines et le manteau de pourpre. Et Pilate leur dit :

Voici, l'homme.

Lorsque les principaux sacrificateurs et les huissiers le virent, ils s'écrièrent : Crucifie ! Crucifie !

Pilate leur dit : Prenez-le vous-même, et crucifiez-le; car moi, je ne trouve point de crime en lui.

Et comme il est réservé aux hommes de mourir une seule fois, après quoi vient le jugement,

De même Christ, qui s'est offert une seule fois pour porter les péchés de plusieurs, apparaîtra sans péché une seconde fois à ceux qui l'attendent pour leur salut.

L'agneau sera approuvé bon pour servir au sacrifice et désormais livré aux mains de ceux qui seront chargés d'exécuter la sentence de mort de l'agneau sur l'autel des holocaustes situé sur le parvi à l'entrée de la tente d'assignation représenté dans le cas d'espèce par la croix à cause du caractère à double sens que nos lecteurs peuvent aussi découvrir dans le livre sur le mystère de la croix.

Le rôle de l'agneau dans le ministère du sauveur Jésus n'occupera pas de grosses pages de lecture mais au rappel commencera au lieu de baptême et s'achèvera dans un premier temps sur la croix de Golgotha et finalement devant les portes du troisième Ciel gardées jusque-là fermées et interdites d'accès à tout individu quelque soit son statut ou rang au sein de la société religieuse comme sociale.

Mais il sera encore plus intéressant de rappeler que sous l'ancienne alliance ou le sacerdoce lévitique l'agneau était remplacé par d'autres types d'herbivores au nombre desquels on pourra dénombrer par exemple, des boucs ; des béliers ; des veaux ; des taureaux pour ne citer que ceux-là et celà en fonction du caractère catégoriel des services que revêt ce ministère.

Cependant l'une des particularités du sacrifice annuel à pourvoir à deux animaux au lieu d'un seul pour le cas du sacrifice journalier, est qu'il pouvait couvrir la vie du croyant dans les dimensions prés et posts péché et plus précisément, l'image que communique le parcours du seigneur Jésus de sa condamnation jusqu'à la croix et de sa résurrection jusqu'à la confrontation céleste avec son sang devant le mur de la loi.

Ainsi après avoir offert le premier en sacrifice pour l'Eternel, le second se chargera par l'imposition des mains du souverain sacrificateur les péchés de toute la communauté toute catégorie confondue et chassé dans le désert très loin du camp par quelqu'un qui après cet acte sera reconnu impur selon la loi et devra se servir expressément de l'eau comme moyen de purification.

L'animal qui sera chassé dans le désert devra certainement y mourir même si les saintes écritures ne nous en donnent pas plus de détails sur sa suite, toutefois celà était nécessaire comme acte et devant les regards attentionnés de tout le peuple pour leur signifier malgré leur état d'ignorant que l'animal qui regardait partir symbolisait toute la communauté chargée de son poids de péché qui avait fini sa marche par la mort au milieu du désert après sa sortie du territoire captif égyptien.

C'est donc une forme de souvenir annuel pour eux en rappel du regard de Dieu sur leur état de vie.

Donc tout ce qu'ils faisaient en ce moment comme les cultures, les sacrifices et autres s'arrêtait dans le désert et n'arrivait pas à franchir les portes de Canaan lequel est l'image du jardin d'Eden.

Voilà pourquoi ce ministère sera révélé plus tard de mort et de condamnation par le Saint-Esprit.

Réf bibliques : Jean : 1 V 29 ; 19 V 30 ; 2 Corin : 3 V 7 - 9 V 12 ; Hébreux : 13 V 11 - 12.

Le lendemain, il vit Jésus venant à lui, et il dit : Voici, l'agneau de Dieu qui ôte le péché du monde.

Quand Jésus eut pris le vinaigre, il dit : Tout est accompli.

Et, baissant la tête, il rendit l'esprit.

Or, si le ministère de la mort, gravé avec des lettres sur des pierres, a été glorieux , au point que les fils d'Israël ne pouvaient fixer les regards sur le visage de Moïse, à cause de la gloire de son visage, bien que cette gloire fût passagère.

Combien le ministère de l'esprit ne sera-t-il pas plus glorieux !

Si le ministère de la condamnation a été glorieux, le ministère de la justice est de beaucoup supérieur en gloire.

Et il est entré une fois pour toutes dans le lieu très saint, non avec le sang des boucs et des veaux, mais avec son propre sang, ayant obtenu une rédemption éternelle.

Les corps des animaux, dont le sang est porté dans le sanctuaire pour le péché, sont brûlés hors du camp.

C'est pour cela que Jésus aussi, afin de sanctifier le peuple par son propre sang, a souffert hors de la porte.

Ainsi du contenu des versets ci-dessus, nous pouvons aisément nous faire encore l'idée de combien important représente le ministère du seigneur et sauveur Jésus dans le plan du salut de l'homme et ce sera sur ces mots que nous concluons notre étude sur le rôle du sauveur Jésus dans la figure ou statut de l'agneau de Dieu dans le cadre du salut de l'humanité.

Chapitre 7 :

Jésus dans la figure du souverain sacrificateur.

Jésus le sauveur complet et parfait conformément à sa mission n'arrêtera son rôle aux trois niveaux précédemment décrits mais aura aussi la charge estimée la plus importante à cause de son caractère unique d'interlocuteur entre l'homme de nature pécheresse et le Dieu juste et parfait au moyen la loi.

Il s'agira non du rôle de sacrificateur de classe ordinaire consacré pour conduire les sacrifices journaliers mais plutôt le souverain sacrificateur le seul qualifié par sa supériorité sur les autres de classe ordinaire pour présenter le sacrifice annuel avec privilège d'accès au lieu très saint.

Réf bibliques : Exode : 30 V 10 ; Lévitique : 16 V 2 ; Hébreux : 10 V 1 - 4.

Une fois chaque année, Aaron fera des expiations sur les cornes de l'autel ; avec le sang de la victime expiatoire, il y sera fait des expiations une fois chaque année parmi vos descendants.

Ce sera une chose très sainte devant l'Eternel.

L'Eternel dît à Moïse : Parle à ton frère Aaron, afin qu'il n'entre pas en tout temps dans le sanctuaire, au dedans du voile, devant le propitiatoire qui est sur l'arche, de peur qu'il ne meure ; car j'apparaîtrez dans la nuée sur le propitiatoire.

En effet, la loi qui possède une ombre des biens avenir, et non l'exacte représentation des choses, ne peut jamais, par les mêmes sacrifices qu'on offre perpétuellement chaque année, amener les assistants à la perfection.

Autrement, n'aurait-on pas cessé de les offrir, parce que ceux qui rendent ce culte, étant une fois purifiés, n'auraient plus eu aucune conscience de leurs péchés ?

Mais le souvenir des péchés est renouvelé chaque année par ces sacrifices ;

Car il est impossible que le sang des taureaux et des boucs ôte les péchés.

'est le lieu de rappeler que le sacrifice journalier est de type individuel et se limite au lieu saint dans son observation, tandis que l'annuel au contraire est collectif et implique tout le peuple avec droit et devoir de traverser le voile pour la destination au lieu très saint où l'arche d'alliance a été légalement déposée.

Le sauveur Jésus étant en mission pour la cause de l'humanité toute entière et non pour un individu isolé, va jouer le rôle du souverain sacrificateur afin de s'assurer qu'aucun membre du peuple ne soit oublié et laissé sur les carreaux par une quelconque négligence de l'un ou de l'autre.

Réf bibliques : Hébreux : 9 V 6 - 7, 25.

Or, c'est choses étant ainsi disposées, les sacrificateurs qui font le service entrent en tout temps dans la première partie du tabernacle ;

Et dans la seconde le souverain sacrificateur seul entre une fois par an, non sans y porter du sang qu'il offre pour lui-même et pour les péchés du peuple.

Et ce n'est pas pour s'offrir lui-même plusieurs fois qu'il est entré, comme le souverain sacrificateur entre chaque année dans le sanctuaire avec du sang étranger...

C'est le lieu de remonter au baptême multidimensionnel de Jésus dont nous avions précédemment parlé et qui revêtait aussi l'aspect de la consécration.

Ainsi ce même acte de consécration administré des bons soins du prophète Jean Baptiste ne se limitait pas seulement au rôle transitif de prophète mais aussi de sacrificateur comme ce fut le cas du souverain sacrificateur Aaron à partir des bons soins du prophète Moïse conformément aux instructions divines et sous le couvert de la loi.

Il faut rappeler que dans l'exercice de ce ministère, le souverain sacrificateur n'était solliciter qu'une seule fois l'an et ce pour clôturer tout ce qui se faisait depuis le début de l'année de manière à remonter en arrière c'est à dire prendre en considération le passé le présent et en même temps le reste des jours de l'année en cours par son unique sacrifice.

Ce qui traduit le caractère hautement sacré et significatif de son sacrifice par rapport aux autres de type journalier.

Ainsi, aucun des sacrifices journaliers peu importe la qualité des investissements faits n'avait en vérité aucun impact concret sur la vie des concernés si ce n'est de répondre aux besoins alimentaires des sacrificateurs et lévites qui avaient à charge le service de Dieu appelé service de l'autel et à qui il était divinement défendu de vaquer à autres activités lucratives susceptibles de répondre à leurs différents besoins de vie charnelle.

Il leur sera donc résolument interdit de mener une vie ordinaire comme le reste du peuple pour ce qui regarde les charges quotidiennes, mais de dépendre plutôt d'une certaine parties des différentes offrandes qui étaient continuellement apportées dans la présence cultuelle de Dieu quoique ce qui se faisait n'avait dans le fond absolument rien de charnel ou de nature à satisfaire les appétits de l'homme.

Réf bibliques : Nombres : 8 V 5 - 9, 23 - 26.

L'Eternel parla à Moïse, et dit : Prends les lévites du milieu des enfants d'Israël, et purifie-les. Voici, comment tu les purifieras.

Fais sur eux une aspersion d'eau expiatoire ; qu'ils fassent passer le rasoir sur tout le corps, qu'ils lavent leurs vêtements, et qu'ils se purifient.

Ils prendront ensuite un jeune taureau, avec l'offrande ordinaire fleur de farine pétrie à l'huile ; et tu prendras un autre jeune taureau pour le sacrifice d'expiation.

Tu feras approcher les lévites devant la tente d'assignation, et tu convoqueras toute l'assemblée des enfants d'Israël.

L'Eternel parla à Moïse , et dit :

Voici, ce qui concerne les lévites.

Depuis l'âge de vingt-cinq ans et au-dessus, tout lévite entrera au service de la tente d'assignation pour y exercer une fonction.

Depuis l'âge de cinquante ans, il sortira de fonction, et ne servira plus.

Il aidera ses frères dans la tente d'assignation, pour garder ce qui est remis à leurs soins ; mais il ne fera plus de service.

Tu agiras ainsi à l'égard des lévites pour ce qui concerne leurs fonctions.

Ainsi on notera à travers ce service divin charnel qui reste une ombre de ce qui allait se passer plutard par les soins du sauveur Jésus, la famille ou la tribu de Lévi de laquelle sortaient les différents serviteurs de Dieu en ce moment et qui bénéficiaient d'une attention particulière de la part du reste du peuple et jouissaient de certains privilèges dûs de leur rang.

La part que prenaient les descendants de Lévi qui constituaient les différentes catégories de sacrificateurs consistait à porter la charge des péchés de leurs frères desquels d'ailleurs ils étaient séparés pour raison du service de l'autel.

Ce qui leur donnait d'être regardés comme des dieux humains avec des besoins naturels lesquels étaient pourvus à partir des différentes offrandes que les autres apportaient à Dieu en guise de réparation des tors causés envers ce dernier et des choses consacrés à son service et ce sera leurs fonctions de générations en générations.

Réf biblique : Nombres : 8 V 14 ; 18 V 1 - 2, 6 - 7.

Tu sépareras les lévites du milieu des enfants d'Israël ; et les lévites m'appartiendront.

L'Eternel dit à Aaron : Toi et tes fils, et la maison de ton père avec toi, vous porterez la peine des iniquités commises dans le sanctuaire ; toi et tes fils avec toi, vous porterez la peine des iniquités commises dans l'exercice de votre sacerdoce.

Fais aussi approcher de toi tes frères, la tribu de Lévi, la tribu de ton père, afin qu'ils te soient attachés et qu'ils te servent, lorsque toi et tes fils avec toi, vous serez devant la tente du témoignage.

Voici, j'ai pris vos frères les lévites du milieu des enfants d'Israël : donnés à l'Eternel, ils sont remis en don pour faire le service de la tente d'assignation.

Toi, et tes fils avec toi, vous observerez les fonctions de votre sacerdoce pour tout ce qui concerne l'autel et pour ce qui est en dedans du voile ; c'est le service que vous ferez.

Je vous accorde en pur don l'exercice du sacerdoce.

L'étranger qui approchera sera mis à mort.

Nous savons que le ministère est d'autant plus complexe qu'il fallait un niveau de vie spirituelle donnée pour comprendre les écritures et sonder la pensée du Seigneur.

Le sauveur Jésus après son passage d'autentification et de validation en tant que agneau devant le souverain sacrificateur de la circonstance en la personne de ponce Pilate, va poursuivre son ministère à la fois en tant qu'agneau et souverain sacrificateur de manière indissociable jusqu'à la porte du troisième Ciel autrefois représentée par la porte d'entrée dans le jardin d'Eden qui était gardée par les chérubins de gloire non avec un quelconque sang étranger mais avec son propre sang toujours en tant que souverain sacrificateur à qui revenait de droit ce pouvoir d'accès au lieu très saint portant entre les mains le sang de la victime à double sens, l'agneau sans défauts et sans tâches qui avait été offerte en holocauste et culpabilité en qualité de clef hautement qualifiée pour ouvrir cette porte d'airain airmetiquement fermée à l'homme et plus précisément, à Adam et Eve au lendemain de leur prise de connaissance du péché et par conséquent à toute la race humaine, c'est à dire la descendance adamique.

Réf bibliques : Mathieu : 27 V 50 - 53 ; Hébreux : 8 V 2 ; 9 V 6 - 8 ; 10 V 5 - 6.

Jésus poussa de nouveau un grand cri, et rendit l'esprit.

Et voici, le voile du temple se déchira en deux, depuis le haut jusqu'en bas, la terre trembla, les rochers se fendirent,

Les sépulcres s'ouvrirent, et plusieurs corps des saints qui étaient morts ressusciterent.

Etant sortis des sépulcres, après la résurrection de Jésus, ils entrèrent dans la ville sainte, et apparurent à un grand nombre de personnes.

Comme ministre du sanctuaire et du véritable tabernacle, qui a été dressé par le Seigneur et non par un homme.

Or, ces choses étant ainsi disposées, les sacrificateurs qui font le service entrent en tout temps dans la première partie du tabernacle ;

Et dans la seconde le souverain sacrificateur seul entre une fois par an, non sans y porter du sang qu'il offre pour lui-même et pour les péchés du peuple.

Le Saint-Esprit montrait par là que le chemin du lieu très saint n'était pas encore ouvert, tant que le premier tabernacle subsistait.

C'est pourquoi, Christ, entrant dans le monde dit :

Tu n'as voulu ni sacrifices ni offrandes,

Mais tu m'as formé un corps,

Et tu n'as agréé ni holocaustes ni sacrifices pour le péché...

Et ainsi le sauveur Jésus aura achevé son ministère dans la figure ou statut de souverain sacrificateur pour ouvrir le Ciel et présenter à Dieu son Père au travers de son propre corps, l'homme autrefois mort mais qui désormais est revenu à la vie par la qualité de son œuvre et cela pour toujours dans une approche de réconciliation avec son créateur.

Toutefois, il convient de rappeler que cette approche de réconciliation de l'homme avec Dieu, son créateur devient encore plus évident lorsqu'il ressort de l'exigence de la loi que le souverain sacrificateur apporte dans le lieu qualifié du saint des saints où siégeait l'arche d'alliance ou de témoignage couverte par-dessus par le propitiatoire comme la plateforme de rencontre entre la présence de Dieu et le peuple d'Israël représenté par le souverain sacrificateur et tout cela dans un ensemble de culte d'adoration image et ombre de ce qui était exclusivement réservé dans la cité céleste autour de la souveraineté de Dieu, qu'il fallait que la réalité même de ce culte soit vécue dans la vérité et la justice, non plus par un processus d'imitation, mais plutôt de la véritable expérience sacerdotale.

Voilà pourquoi, le sauveur Jésus, dans son rôle à double facettes de l'agneau et de souverain sacrificateur, devra affronter la porte d'entrée céleste posée par la loi en opposition à toute tentative d'entrée d'homme ou croyant de nature pécheresse et qui servait de logie pour le diable dans son zèle d'accusation et de victimisation des croyants.

Oui ! Le souverain sacrificateur des biens à venir le fera avec à la main, son propre sang en tant que agneau de Dieu et réussira à libérer l'accès à la cité céleste qui était tout le temps resté barricadé par la présence des chérubins.

Réf bibliques : Hébreux : 9 V 11 - 12 ; Ephésiens : 1 V 7 ; Apocalypse : 5 V 9.

Mais Christ est venu comme souverain sacrificateur des biens à venir ; il a traversé le tabernacle plus grand et plus parfait, qui n'est pas construit de main d'homme, c'est à dire, qui n'est pas de cette création ;

Et il est entré une fois pour toutes dans le lieu très saint, non avec le sang des veaux, mais avec son propre sang, ayant obtenu une rédemption éternelle.

En lui, nous avons la rédemption par son sang, la rémission des péchés, selon la richesse de sa grâce.

Et ils chantaient un cantique nouveau, en disant : Tu es digne de prendre le livre, et d'en ouvrir les sceaux ; car tu as été immolé, et tu as racheté pour Dieu par ton sang des hommes de toute tribu, de toute langue, de tout peuple, et de toute nation...

Ainsi, à partir du contenu des versets ci-dessus, nous découvrons combien paraît important le sacrifice du seigneur et sauveur Jésus-Christ qui par le moyen de son propre sang a satisfait aux exigences de la loi et racheté pour Dieu son Père, les hommes de divers peuples et cela dans le but et l'objectif de constituer un collègue d'adorateurs au goût et à l'aspiration de la sainteté divine.

Il aura ainsi accompli la volonté du Très-haut en tant que sacrificateur, là où l'échec des milliers d'autres avaient été constatés. Ce qui fait d'ailleurs de lui, l'interlocuteur et médiateur qualifié pour la défense et l'intercession en faveur du croyant qui marche par la foi.

Réf bibliques : Hébreux : 7 V 22 - 25 ; 1Timothée : 2 V 5 - 6 ; 1Jean : 2 V 1.

Jésus est par cela même le garant d'une alliance plus excellente.

De plus, il y a eu des sacrificateurs en grand nombre, parce que la mort les empêchait d'être permanents.

Mais lui, parce qu'il demeure éternellement, possède un sacerdoce qui n'est pas transmissible.

C'est aussi pour cela qu'il peut sauver parfaitement ceux qui s'approchent de Dieu par lui, étant toujours vivant pour intercéder en leur faveur.

Car il y a un seul Dieu, et aussi un seul médiateur entre Dieu et les hommes, Jésus-Christ homme, qui s'est donné lui-même en rançon pour tous.

C'est là le témoignage rendu en son propre temps.

Mes petits enfants, je vous écris ces choses, afin que vous ne péchiez point.

Et si quelqu'un a péché, nous avons un avocat auprès du Père, Jésus-Christ le juste.

Et voilà en détaillé, et au moyen du contenu des versets ci-dessus, l'expression de l'œuvre de sacrifice hautement qualifiée du seigneur et sauveur Jésus dans le dernier rôle de son ministère en tant que souverain sacrificateur comme acteur en exercice et l'intervention de son sang en tant qu'agneau pour l'offrande d'une rédemption éternelle au bénéfice des croyants.

La Récapitulation

Nous estimons plus structurelle de procéder à la conclusion partielle de notre travail dans une démarche objective d'appel à la conscience de nos frères et sœurs qui restent victimes des différentes manœuvres à but lucratif de ces gens entièrement attachés à leur ventre et promettent la liberté quand eux-mêmes sont esclaves de la peur, de l'instabilité et la recherche de gains afin d'assurer leur lendemain au moyen des systèmes de captivité qu'ils mettent en place pour maintenir sous contrôle leurs fideles comme une proie à graisse et à chair capable de leur servir de garantie vie terrestre.

En effet, lorsque nous remontons dans nos différents chapitres ci-dessus développés, nous pouvons commencer par réaliser que que quiconque se reconnaissant pécheur a impérativement besoin de ces trois éléments à savoir : un prophète, un agneau et un sacrificateur pour commencer sa marche de réconciliation avec Dieu sur la terre avant sa mort imprévisible.

Le prophète, si oint qu'il soit a impérativement besoin de se fournir un agneau sans tâches et sans défauts et trouver un sacrificateur de classe souveraine pour l'aider à préparer son retour de la terre ou du monde de péché.

Le sacrificateur malgré sa classe souveraine a impérativement besoin de se fournir un agneau sans tâches et sans défauts et les directions d'un prophète de l'ordre de Moïse pour l'aider à obtenir de sûres informations relatives à son sacrifice initiant sa réconciliation avec Dieu avant son départ de la terre des morts communément appelés des vivants.

Et plusieurs de nos frères et sœurs sont encore dans cette réalité en tâtonnant derrière les seduiteurs et se font dépouiller de tous leurs biens par ces derniers qui ne cessent de profiter de leur ignorance et de leur refus de taire un peu leur sagesse et intelligence morte par humilité pour se faire éclairer par la sagesse de Dieu, la véritable et seule qualifiée pour garantir la paix et la tranquillité au milieu des difficultés lesquelles restent à la fois formatrices et indispensables pour une bonne croissance spirituelle en statut, en sagesse et dans la paix.

Réf bibliques : 1 Corinthiens : 2 V 6 - 8.

Cependant, c'est une sagesse que nous prêchons parmi les parfaits, sagesse qui n'est pas de ce siècle, ni des chefs de ce siècle qui vont être anéantis.

Nous prêchons la sagesse de Dieu, mystérieuse et cachée, que Dieu, avant les siècles, avait destinée pour notre gloire.

Sagesse qu'aucun des chefs de ce siècle n'a connue, car, s'ils l'eussent connue, ils n'auraient pas crucifié le Seigneur de gloire.

Si chacun des éléments restent indispensables pour préparer son retour de la terre pour la demeure finale et qu'il fallait autant d'investissements pour supposer essayer sans aucune garantie pendant que Jésus-Christ est à la porte de nos cœurs et de nos oreilles par la connaissance de l'évangile faisant appel à notre libre arbitrage pour une amitié sincère et durable établie sur la liberté et la vérité et celà contre zéro francs, le jugement dernier lié à la fin du monde ne paraît pas encore plus évident qu'une illusion chers es lecteurs ?

Ceci établi l'incapacité sous toutes ses formes de votre prophète ; votre sacrificateur encore moins votre propre sacrifice c'est à dire l'agneau à pourvoir en votre nom devant la justice de Dieu et il n'y a que Jésus-Christ seul et lui seul car il ne s'agit d'un homme mais d'une puissance hors paire sous la forme humaine.

Il est écrit : aujourd'hui si tu entends sa voix n'endurcis pas ton cœur ca demain ne t'appartient pas et pouvait se révéler trop tard.

Ce qu'il a lieu de dégager de ce développement ci-dessus concernant la conclusion partielle est de faire constater que les humains au travers de leurs cultures respectives se retrouvent directement ou indirectement rattachés à une religion ce que pour beaucoup est chose normale mais pour certains il s'agit d'une vie de circonstance.

Cependant, il revient seulement de souligner qu'au sein de chaque cercle religieux sont présents les trois éléments qui tournent autour de la vie du croyant parce que l'homme étant toujours à la recherche d'équilibre entre la nature ou Dieu et lui-même à cause des courants de pensée qui le traversent régulièrement et des évènements auquels il fait quotidiennement face.

Certains se retrouvent en face des intermédiaires ou divinités dont je ne saurai citer tous les noms et d'autres devant des personnes de certaines distinctions morales données dans le rôle de facilitateur ou guide pour la paix avec soi-même et avec Dieu

Une réalité qui fait systématiquement appel aux services à ces trois éléments ci-dessus cité à savoir, l'interprète des messages divins ou prophète ; le sacrificateur ou le ritualiste et enfin les différentes formes d'offrandes lesquelles deviennent parfois pour certaines personnes une véritable casse-tête.

Nous ne le dirons jamais assez que ces praticiens religieux aussi vivent de cette entreprise savamment orchestrée et qui pouvait prendre toutes les formes possibles dans cette activité au sein de la société.

L'homme étant vaincu par le péché a développé la mentalité d'achat de tout et même la vie dont il n'a absolument aucune idée de son origine et se retrouve désormais en de très grande difficulté à accepter gratuitement la vie de Dieu le créateur par la foi en Jésus-Christ pour le salut de son esprit, son âme et son corps pour la paix avec lui-même et avec son Dieu et son créateur.

Conclusion

Nous rendons merveilleusement grâce à Dieu le Père par notre seigneur et sauveur Jésus-Christ qui nous a donné de pouvoir servir de canal de communication sanctifié et mis à part pour lui et pour des objectifs comme ceux-ci lesquels sont destinés à repousser par élargissement les limites et barrières de la connaissance relative à la vérité évangélique et par ricochet partager les riches révélations de Dieu qui étaient tout le temps et depuis des siècles gardées loin des humains en général et les croyants chrétiens en particulier à cause de leur vie de captivité et d'esclavage sous l'autorité du péché lequel à son tour les soumettait à l'obéissance au diable en les éloignant jour après jour de la volonté de Dieu, leur créateur et pourvoyeur.

Grande et sainte est la joie qui nous anime à la fin de cette œuvre aussi riche que enrichissante pour tout potentiel lecteur et amoureux des informations susceptibles de le faire dépasser les barrières religieuses et dogmatiques inventées et posées de toutes pièces par les agents humains alloués au service du monde des ténèbres.

Nous bénissons par ces mots la vie de tous ceux ou celles qui sont en train de se réjouir de cette grâce désormais disponible aux mains et à la portée des bourses les plus modestes.

Nous saluons au passage tous ceux et celles qui ont contribué d'une manière ou d'une autre à la concrétisation de ce ministère qui s'inscrit dans la droite ligne de la volonté de notre seigneur et sauveur Jésus-Christ, exprimée par son serviteur et notre aîné dans le ministère l'apôtre Paul qui stipule comme la connaissance de la vérité, élément essentiel pour affranchir le croyant.

Ainsi pour finir, il nous plaît de faire remarquer qu'aucune religion, aucun dignitaire, aucun leader, aucun nom, ni par passé ni dans le présent ni dans le monde avenir n'a pu et ne pourra jamais offrir à l'être humain un salut complet et parfait au vu des détails ci-dessus cités au point de mettre à défi l'œuvre hors paire de la rédemption du seigneur et sauveur Jésus-Christ.

J'étais autrefois pécheur par mes actes et dans ma conscience, mais pour ma connaissance de l'Evangile m'a donné de devenir par la foi le fils etla justice de Dieu à en Jésus-Christ selon qu'il est le grain pur, la semence pure semée dans le sol de l'humanité pour que nous soyons les fruits de la moisson en sa nature et de Dieu.

Oui ! Je suis la justice de Dieu, non par mes œuvres, mes efforts personnels, mais ma foi en son salvatrice œuvre de la rédemption et c'est ça L'évangile de Dieu.

Grâce de Dieu sur notre monde et sa paix sur la vie de ceux et celles qui sont dans son alliance.

Printed by Books on Demand GmbH, Norderstedt / Germany